Inhalt

W0057123

100% übersichtlich

Erleben Sie 100% Stockholm auf sechs Spaziergängen. Jedes Kapitel im 100% Cityguide ist einem Spaziergang gewidmet. Am Kapitelende gibt es eine Karte mit der Kurzbeschreibung des Spaziergangs. Auf der Karte in der vorderen Umschlagklappe sehen Sie die sechs Kartenausschnitte im Überblick. Dort finden Sie anhand der Buchstaben (A) bis (Y) alle Hotels sowie die Sehenswürdigkeiten und Ausgehtipps, die nicht auf einem der Spaziergänge liegen.

In den sechs Kapiteln beschreiben wir ausführlich, welche Sehenswürdigkeiten Sie auf den Spaziergängen entdecken können und wo man gut essen, trinken, shoppen, feiern und relaxen kann. Alle Adressen sind mit einer Nummer gekennzeichnet, die Sie im Stadtteilplan am Ende des Kapitels wiederfinden. An der Farbgebung der Nummer können Sie erkennen, zu welcher Kategorie die jeweilige Adresse gehört:

🔴	Sehenswürdigkeiten	🔴	Shoppen
⚪	Essen & Trinken	🔵	100% there

SECHS SPAZIERGÄNGE

Zu jedem Kapitel gehört ein Spaziergang, der – ohne Besuch der genannten Sehenswürdigkeiten – etwa drei Stunden dauert. Auf den einzelnen Stadtteilplänen sehen Sie den genauen Verlauf der Route und können deren Länge anhand des Maßstabs ungefähr bestimmen. Die Wegbeschreibung links neben dem Stadtplan führt Sie entlang der Sehenswürdigkeiten zu den schönsten Adressen. So entdecken Sie fast nebenbei die besten Shoppinggelegenheiten, die nettesten Restaurants und die angesagtesten Cafés und Bars. Wer irgendwann keine Lust mehr hat, der Route zu folgen, kann anhand der ausführlichen Tipps und Pläne auch wunderbar auf eigene Faust Entdeckungen machen.

PREISANGABEN FÜR HOTELS UND RESTAURANTS

Um Ihnen eine Vorstellung von den Preisen in den Hotels und Restaurants zu geben, finden Sie bei den Anschriften stets auch die Preise. Die Angaben für Hotels beziehen sich auf ein Doppelzimmer mit Frühstück pro Nacht, es sei

100% STOCKHOLM

SPAZIERGANG 1: GAMLA STAN, RIDDARHOLMEN & HELGEANDSHOLMEN

Obwohl die Altstadt sehr überlaufen ist, muss man sie gesehen haben. Denn hier hat die Geschichte Stockholms ihren Ursprung. Schlendern Sie durch schmale Gassen und über Plätze mit Kopfsteinpflaster und bewundern Sie prachtvolle Gebäude aus dem 17. Jahrhundert und das königliche Schloss.

SPAZIERGANG 2: NORRMALM

In Norrmalm liegen das Geschäftszentrum und die Shoppingmeile von Stockholm. Man findet hier moderne Bürogebäude, bekannte Ladenketten, große Einkaufszentren und viele Hotels, dazwischen schöne Plätze und stattliche alte Häuser. Auch das Kulturangebot ist beeindruckend.

SPAZIERGANG 3: ÖSTERMALM

Vornehme Boulevards, breite Alleen und prächtige Fassaden zieren dieses schicke Stadtviertel. In Biblioteksgatan präsentieren sich die exklusiven Shops der großen schwedischen und internationalen Marken. Besuchen Sie eines der vielen Restaurants oder den tollen Konzeptstore Snickarbacken 7, um Kaffee zu trinken oder zu shoppen.

SPAZIERGANG 4: SÖDERMALM & LÅNGHOLMEN

Die trendy Läden, netten Cafés und guten Restaurants im hippen Viertel Sofo und die Gegend rund um Mariatorget und Hornstull machen Södermalm zum beliebten Treffpunkt von Studenten, Künstlern und Bohemiens. Die Insel Långholmen mit ihren wunderschönen Stränden ist ideal zum Relaxen.

SPAZIERGANG 5: VASASTAN & KUNGSHOLMEN

Diese beiden Viertel sind keine Touristenmagnete, aber auf jeden Fall einen Besuch wert. Die Stockholmer reißen sich um die begehrten Wohnungen, denn schließlich kann man hier gut ausgehen. Stadshuset, das vielleicht bekannteste Gebäude von Stockholm, steht in Kungsholmen.

SPAZIERGANG 6: DJURGÅRDEN & SKEPPSHOLMEN

Djurgården gehört zum sogenannten Ekoparken und ist Teil eines einzigartigen Naturschutzgebietes mitten in der Stadt: perfekt zum Spazierengehen, Radfahren und Picknicken. Aber auch zum Kulturschnuppern: Die berühmtesten Museen von Stockholm liegen in Djurgården und Skeppsholmen.

100% STOCKHOLM

In Stockholm gibt es so viel zu erleben – doch wo fängt man am besten an? Natürlich möchten Sie durch Gamla Stan schlendern, das Vasa-Schiff im Vasamuseet ansehen und das Freiluftmuseum Skansen besuchen, am Wasser entlangspazieren, schwedisches Design entdecken und die Stadt von einem der grandiosen Aussichtspunkte aus bewundern. Sie möchten aber auch einen *fika* genießen (einen Kaffee mit etwas Süßem), einen Wein in einem Straßencafé trinken, in Sofo shoppen oder in einer schicken Bar tanzen. Der 100% Cityguide zeigt Ihnen, was Sie auf keinen Fall verpassen sollten. Sightseeing & Shopping, Ausgehen & Abenteuer – die übersichtlichen Stadtpläne weisen Ihnen den Weg.

AUF 6 SPAZIERGÄNGEN 100% STOCKHOLM ERLEBEN.

denn, es ist etwas anderes angegeben. Die Angaben für die Restaurants nennen – wenn nicht anders verzeichnet – den Durchschnittspreis eines Hauptgerichts. Bei Cafés ist dies der Preis für ein Sandwich oder eine kleine Mahlzeit.

GUT ZU WISSEN

Für Schweden ist das Mittagessen vielleicht die wichtigste Mahlzeit des Tages, am liebsten draußen und in aller Ruhe genossen. Viele Restaurants und Cafés bieten günstige Mittagsgerichte an (*dagens lunch*), bestehend aus einer warmen Mahlzeit mit Brot, Salat, Wasser oder Erfrischungsgetränk sowie Kaffee oder Tee zum Abschluss. Ein *fika*, eine Tasse Kaffee mit etwas Süßem dazu, ist ebenfalls sehr beliebt.

Freitags und samstags kann es in den Restaurants sehr voll sein, vor allem am letzten Wochenende des Monats, wenn die Gehälter ausgezahlt wurden. Eine Reservierung für ein Abendessen ist dann unbedingt erforderlich. Dies ist oft über das Internet möglich. Ein Trinkgeld ist nicht vorgeschrieben, wird aber natürlich gern gesehen. Das Aufrunden der Rechnung, wenn Sie zufrieden sind, ist ausreichend.

Stockholm ist im Winter ganz anders als im Sommer, doch beide Jahreszeiten haben ihren Charme. Durch die nördliche Lage der Stadt ist der Tageslängenunterschied zwischen Sommer und Winter sehr groß. Im Dezember geht die Sonne bereits um 15 Uhr unter, im Juni dagegen erst um 22.30 Uhr, und dann wird es nicht einmal richtig dunkel. Im Winter ist die Stadt oft tief verschneit, und an verschiedenen Orten in der Stadt sind Eisbahnen geöffnet. In der Weihnachtszeit ist die Stadt stimmungsvoll beleuchtet und geschmückt. Im Sommer spielt sich das Leben draußen ab: Die Cafés sind voll, im Hafen liegen viele Schiffe und sämtliche (touristischen) Attraktionen sind geöffnet. Die Öffnungszeiten von Museen variieren zwischen Winter und Sommer. Im Juli und August sind manche kleineren Läden und Restaurants eine Woche oder mehrere Wochen lang wegen Urlaub geschlossen.

Obwohl Schweden Mitglied in der EU ist, bezahlt man hier nicht mit Euro, sondern mit der schwedischen Krone (SEK). 1 Euro sind etwa 8,6 SEK. Eine Kreditkarte wird fast überall akzeptiert, auch für kleinere Beträge. Wenn Sie den öffentlichen Nahverkehr nutzen und viele Museen besuchen möchten, ist es empfehlenswert, den Stockholm-Pass zu kaufen.

Sie können dann unbegrenzt den öffentlichen Nahverkehr (Storstockholm Lokaltrafik, SL) benutzen und erhalten einen Rabatt oder kostenlosen Zutritt zu den mehr als 80 Museen und Attraktionen. Der Pass ist beim Stockholm Tourist Center (Vasagatan 14, gegenüber dem Hauptbahnhof) und bei einem SL-Center (T-centralen, Slussen oder Sergels Torg) erhältlich. Er kostet 450 SEK für einen Tag, 625 SEK für zwei Tage und 750 SEK für drei Tage (für Kinder von 7–17 Jahren jeweils 215, 255 und 385 SEK, Kinder bis 7 Jahre gratis). Weitere Infos finden Sie auf *www.visitstockholm.com/stockholmcard*.

Monatlich (im Winter zweimonatlich) erscheint *What's on*, eine kostenlose Zeitung über Veranstaltungen, Konzerte, Festivals und Ausstellungen. Erhältlich ist *What's on* beim Stockholm Tourist Center.

NATIONALFEIERTAGE

Neben den beweglichen Feiertagen Karfreitag, Ostern, Christi Himmelfahrt und Pfingstmontag kennt Schweden die folgenden offiziellen Feiertage:

1. Januar	Neujahr
6. Januar	Trettondagen (Dreikönigstag)
1. Mai	Tag der Arbeit & Valborg (Walpurgisnacht)
6. Juni	Nationalfeiertag
Freitag nach dem	
21. Juni	Midsommar
24. Dezember	Heiligabend
25. Dezember	Erster Weihnachtstag
26. Dezember	Zweiter Weihnachtstag
31. Dezember	Silvester

Am Nachmittag vor einem offiziellen Feiertag haben die meisten Schweden ebenfalls frei. Am Abend vor Valborg wird mit großen Feuern, Feuerwerk und Chorgesang der Winter verabschiedet und der Frühling eingeläutet. Sie können dieses Fest vielerorts in der Stadt mitfeiern, unter anderem in Skansen.
Am ersten Wochenende nach dem 21. Juni, dem längsten Tag des Jahres, wird Midsommar gefeiert. Dieses Fest spielt sich meistens im Familienkreis und in Sommerhäusern auf dem Land ab. In Stockholm sind dann viele Läden, Museen und Restaurants geschlossen. In Skansen wird Midsommar traditionell mit Maibaum, Gesang und Tanz gefeiert.

HABEN SIE NOCH TIPPS?

Wir haben diesen Reiseführer mit großer Sorgfalt zusammengestellt. Da das Angebot an Geschäften und Restaurants in Stockholm jedoch regelmäßig wechselt, kann es sein, dass eine Empfehlung nicht mehr existiert. Besuchen Sie in diesem Fall oder wenn Sie andere Anmerkungen oder Fragen zu diesem 100% Cityguide haben, unsere Website *www.100travel.de/stockholm* oder schreiben Sie uns an *info@momedia.com*. Wir freuen uns über Hinweise, neue Tipps und natürlich auch Fotos. Posten Sie diese gerne auf unserer facebook fanpage: facebook.com/100travel.

Last but not least möchten wir noch bemerken, dass keine der vorgestellten Adressen für ihre Erwähnung bezahlt hat, weder für den Text noch für die Fotos. Alle Texte wurden von einer unabhängigen Redaktion geschrieben.

Hotels

Neben den bekannten Ketten hat Stockholm auch eine Vielzahl unabhängiger Hotels. Wie in jeder Stadt können Sie hier so teuer und luxuriös übernachten, wie Sie möchten. Allgemein gilt, dass die Hotels in Stockholm relativ teuer sind. Im Sommer und an den Wochenenden gibt es allerdings oft deutliche Rabatte. Es lohnt sich, die Hotel-Websites nach Angeboten abzusuchen. In der Stadt gibt es auch sogenannte *vandrarhem*. Diese Hostels sind um einiges billiger. Ein Nachteil ist, dass man in der Regel keine eigene Dusche oder Toilette hat, sondern diese mit anderen Gästen teilen muss. Es gibt aber auch Hostels mit luxuriösen Zimmern und Komfort.

Nachfolgend haben wir für jedes Budget die besten Vorschläge für eine bequeme Übernachtung zusammengestellt. Die Buchstaben der Hotels finden Sie auf der Übersichtskarte des Reiseführers. Für weitere Hotelempfehlungen besuchen Sie bitte *www.100travel.de/stockholm*.

GÜNSTIGE PREISKLASSE

(A) **Af Chapman & Skeppsholmen** ist ein einzigartiges Hostel mit zwei Dependancen: der alten Marinekaserne auf der Insel Skeppsholmen und dem im Jahr 2007 vollständig renovierten Segelschiff af Chapman. Stattlich und wunderschön liegt es im Zentrum von Stockholm. Weil natürlich viele gerne an Bord übernachten möchten, sollte man frühzeitig reservieren.
flaggmansvägen 8, www.stfchapman.com, telefon: 08 4632266, preis: ab 590 sek, exkl. frühstück, bus: 65 skeppsholmen

(B) **Helens Bed and Breakfast** liegt im schönen, grünen Enskede im Süden der Stadt, nur 20 U-Bahn-Minuten vom Zentrum entfernt. Der ideale Ort, um Stadt und Land hautnah zu erleben. Die Zimmer in diesem freistehenden Haus sind schlicht, aber sauber. Wer etwas mehr Komfort will, kann ein Apartment buchen. Das Frühstück wird im Garten serviert, wo sich gelegentlich auch Rehe blicken lassen. Es werden auch Fahrräder ausgeliehen.
östrandsvägen 15, enskede, www.helensbedandbreakfast.com, telefon: 073 6323074, preis: ab 600 sek für ein zimmer mit dusche/wc auf dem gang, 800 sek für studio mit dusche/wc im zimmer, u-bahn: svedmyra

AF CHAPMAN & SKEPPSHOLMEN Ⓐ

MITTLERE PREISKLASSE

Ⓒ Auf der Website des **City Living Apt.** findet man die Adressen von Design-, Familien-, Luxus- oder Low-Budget-Apartments in der ganzen Stadt, die privat vermietet werden. Ideal für den, der sich nicht gerne zwischen 7 und 10 Uhr an einem Frühstücksbuffet anstellt, sondern es vorzieht, auswärts zu frühstücken oder beim Bäcker Brötchen zu holen. Und wer abends mal keine Lust auf ein Restaurant hat, kann selbst kochen oder irgendwo etwas mitnehmen – für ein TV-Dinner auf dem eigenen Sofa. Ein weiterer Vorteil: Man lebt mitten unter den Einheimischen.

upplandsgatan 71 (büro), www.citylivingapt.com, telefon: 8 323901, preis: ab 875 sek

(D) Das **Hotel Hornsgatan** ist ein kleines, gemütliches Haus auf Södermalm. Die Zimmer sind einfach, aber stilvoll eingerichtet, sauber und gepflegt. Bei der Reservierung sollte man berücksichtigen, dass nur ein Teil der Zimmer mit eigenen Sanitäranlagen ausgestattet ist. In diesem Haus, das in Familienbesitz ist, wird großen Wert auf Topservice und anständige Preise gelegt.

hornsgatan 66b, www.hotelhornsgatan.se, telefon: 08 6582901, preis: ab 950 sek (zimmer mit dusche/wc), u-bahn: mariatorget

(E) Auf der Insel Lidingö, 30 Minuten vom Stockholmer Zentrum entfernt, liegt das **Gåshaga Sealodge** – mit grandioser Aussicht auf Ostsee und Skärgård (Archipel von Stockholm) sowie einer bezaubernden maritimen Atmosphäre. Vor allem im Sommer ist hier viel los: Boote ziehen vorbei, das Café ist voll besetzt und alle genießen die langen Sommertage.

värdshusvägen 14-16, lidingö, www.gashaga.nu, telefon: 08 6013400, preis: 1750 sek, u-bahn: ropsten, anschließend lidingöbanan nach gåshaga brygga

(F) Die ehemalige Haftanstalt Kronohäktet auf der ruhigen Insel Långholmen bevölkerten von 1849 bis 1989 noch Häftlinge. Heute können Touristen im **Långholmen Hotell** in den ehemaligen Zellen nächtigen – natürlich mit allem Komfort. Wie es hier früher war, sehen Sie im Gefängnismuseum, in dem sich noch einige Zellen im Originalzustand befinden. Die ummauerten "Kreise" im Innenhof, in denen die Gefangenen früher frische Luft schnappten, sind nun gemütliche Sitzecken. Zum Glück wird inzwischen mehr als Wasser und Brot angeboten. Gut zu wissen: Es gibt auch einen Hostelbereich.

långholmsmuren 20, www.langholmen.com, telefon: 08 7208500, preis: 1590 sek, bus: 4 högalidsgatan, 40 bergsundsgatan oder 66 bergsunds strand

(G) Das **Hotel Skeppsholmen** wurde im Oktober 2009 auf der Insel Skeppsholmen eröffnet. Eine Oase der Ruhe, trotz der zentralen Lage. Einmalig! Das historische Gebäude aus dem 18. Jahrhundert diente ursprünglich Seeleuten als Übernachtungsgelegenheit. Das Thema "Nebel" war Inspirationsquelle für die exklusive Inneneinrichtung.

gröna gången 1, www.hotelskeppsholmen.com, telefon: 08 4072300, preis: 1750 sek, bus: 65 kastellholmsbron

HOTEL HORNSGATAN Ⓓ

Ⓗ Die Zimmer und Suiten des luxuriösen Boutiquehotels **Berns Hotel** sind nicht für jeden Geldbeutel erschwinglich, aber ohne Ausnahme besonders schön eingerichtet. Auch im Preis inbegriffen sind exklusive Hautpflegeartikel, Zeitschriften sowie eine Minibar. Das Hotel verfügt über ein Bistro, ein Asia-Restaurant und einen Nachtclub.

berzeliipark, www.berns.se, telefon: 08 56632200, preis: 1750 sek exkl. frühstück, u-bahn: östermalmstorg

Ⓘ Im **Hotel Hellsten** liegt das Augenmerk auf dem Interieur. Jedes Zimmer ist anders eingerichtet, mit Gegenständen aus Asien und Afrika, die der Inhaber von seinen Studienreisen als Anthropologe mitbrachte. Diese Ethnodetails wurden geschmackvoll mit schwedischen Antiquitäten und modernen Möbeln kombiniert. Gemütliches Hotel mit einer warmen Atmosphäre.
luntmakargatan 68, www.hellsten.se, telefon: 08 6618600, preis: 1890 sek, u-bahn: rådmansgatan

Ⓙ "Filme von 1924 bis heute" ist das vorherrschende Thema im **Hotel Rival**, das dem ABBA-Gründer Benny Andersson gehört. Über jedem Bett hängt ein großes Filmplakat, der Rest der Einrichtung ist eine Ode an den jeweiligen Film. Farbige Muster auf den Böden, leuchtend bunte Accessoires, Designer-Sofas, große Fenster mit Aussicht auf den Platz oder die Kirche – jedes Zimmer ist einzigartig. Das Hotel befindet sich auf der Insel Södermalm.
mariatorget 3, www.rival.se, telefon: 08 54578900, preis: 1895 sek, u-bahn: mariatorget

GEHOBENE PREISKLASSE

Ⓚ Das **Story Hotel** liegt mitten in Östermalm. Die Zimmer sind alle modern, jedoch unterschiedlich eingerichtet. Der Name Story Hotel wurde nicht zufällig gewählt. Alles im Hotel erzählt eine eigene Geschichte. Auffällig ist die Rezeption: Die Gäste checken selbst ein und aus. Das dazugehörige Restaurant ist stilvoll eingerichtet, in der Bar legen freitags und samstags oft DJs auf.
riddargatan 6, www.storyhotels.com, telefon: 08 54503940, preis: 2090 sek, u-bahn: östermalmstorg

Ⓛ Das **Nobis Hotel** befindet sich in einem Gebäude aus dem 19. Jahrhundert. Hier ereignete sich in den 1970er-Jahren ein Geiseldrama, das die Psychologie um einen Fachbegriff bereicherte: das sogenannte Stockholm-Syndrom. Die luxuriös eingerichteten Zimmer dieses Hotels, das 2010 seine Türen öffnete, verfügen über ebensolche Betten – ein angenehmer Aufenthalt ist damit gesichert. Imposant: die Lounge mit ihrer 28 Meter hohen Decke.
norrmalmstorg 2-4, www.nobishotel.se, telefon: 08 6141000, preis: 2340 sek, u-bahn: östermalmstorg

Unterwegs

Der nationale Flughafen von Schweden, Arlanda, liegt etwa 40 Kilometer nördlich von Stockholm. Mit dem **Arlanda Express** (*www.arlandaexpress.com*) sind Sie in 20 Minuten im Zentrum von Stockholm. Der Zug fährt alle 10 bis 15 Minuten und eine Hin- und Rückfahrkarte kostet 490 SEK. Am Wochenende und im Sommer gibt es oft Angebote. Eine günstigere Alternative ist der Bus von **Flygbussarna** (*www.flygbussarna.se*). Dieser fährt genauso oft, aber die Fahrt dauert 40 Minuten. Eine Hin- und Rückfahrkarte kostet 198 SEK. Beide können online gebucht werden, was zu empfehlen ist, denn meistens sind die Tickets billiger und die Warteschlangen an den Schaltern können sehr lang sein. Die günstigen Charterflüge landen in Skavsta, etwa 100 Kilometer von Stockholm entfernt. Auch von dort können Sie mit Flygbussarna nach Stockholm fahren. Die Fahrt dauert etwa 80 Minuten und die Busse fahren im Allgemeinen alle halbe Stunde. Eine Rückfahrkarte kostet 248 SEK.

Der öffentliche Nahverkehr in Stockholm ist gut geregelt. Der Transport mit **U-Bahn** (*tunnelbana oder t-bana*)**, Bus** und **Pendelzug** wird von Storstockholms Lokaltrafik (SL) übernommen. Stockholm ist in drei Zonen aufgeteilt. In Zone A können Sie mit zwei Streifen (Einzelticket 36 SEK) eine Stunde lang unbegrenzt fahren. Es ist günstiger, eine Streifenkarte (*förköpsremsa*) à 16 Streifen zu kaufen. Diese kostet 200 SEK. Alle Adressen in diesem Führer befinden sich in Zone A, bis Drottningholm wird ein weiterer Streifen benötigt. Wenn Sie viel mit öffentlichen Verkehrsmitteln fahren, können Sie auf ein 24-Stunden- (115 SEK) oder 72-Stunden-Ticket (230 SEK) ausweichen. Damit können Sie in allen Zonen unbegrenzt fahren. Möchten Sie zudem viele Museen besuchen, empfiehlt sich die Stockholmcard. Mehr Informationen dazu finden Sie auf Seite 6. Fahrkarten erhalten Sie im SL-Center (in T-centralen, Slussen oder Sergels Torg) und den Verkaufsstellen von Pressbyrån. Die U-Bahn fährt am Wochenende rund um die Uhr. Für Ziele außerhalb des *tunnelbana*-Gebiets werden nach 1 Uhr meistens Nachtbusse eingesetzt. Hierfür gelten die gleichen Tarife wie tagsüber. Informationen gibt es auf *www.sl.se*.

Stockholm hat viele Radwege. In den Sommermonaten wird deshalb auch oft das **Fahrrad** genutzt. Beim Stockholm Tourist Center ist eine kostenlose Karte mit allen Radwegen erhältlich. Zwischen 1. April und 31. Oktober können Sie

an vielen Stellen in der Stadt **Stockholm City Bikes** leihen. Sie kaufen im SL-Center oder beim Stockholm Tourist Centre eine Bike Card für drei aufeinanderfolgende Tage (165 SEK) oder für die ganze Saison (300 SEK) und können anschließend täglich zwischen 6 Uhr und 22 Uhr drei Stunden lang und so oft Sie wollen ein Fahrrad benutzen. Verkaufsstellen, Fahrradplätze und Konditionen finden Sie auf *www.citybikes.se*.

Nach Djurgården können Sie mit der **Fähre** oder der **(Museums)Straßenbahn** fahren. Das Boot fährt ab Slussen und die Tram (Linie 7) ab Sergels Torg. Die Museumsstraßenbahn (Djurgårdslinje 7) fährt ab Norrmalmstorg. Ein **Taxi** ist in Stockholm nicht billig. Man zahlt einen Starttarif plus Kilometer- und Fahrtkosten. Viele Taxizentralen unterscheiden außerdem zwischen Tages- und Nachtfahrten.

Gamla Stan, Riddarholmen & Helgeandsholmen

Belebte, geschichtsträchtige Plätze und verwinkelte Gassen

Wer Stockholm besucht, muss einfach in der Gamla Stan gewesen sein. Gamla Stan bedeutet "alte Stadt" und steht für das lebendige, historische Herz von Stockholm. Stadtgründer war Birger Jarl, der hier im 13. Jahrhundert mit dem Bau kleiner, dicht aneinandergedrängter Holzhäuser begann. Leider wurden die meisten Original-Holzhäuser im Laufe der Jahrhunderte durch Brände und Kämpfe zerstört. Der Großteil der noch heute existierenden ockergelben und roten Gebäude stammt daher aus dem 17. Jahrhundert. So manches Haus ragt schief und krumm aus dem Boden heraus, doch gerade das macht den Charme von Gamla Stan aus.

Inmitten der alten Häuser thront das königliche Schloss aus dem 18. Jahrhundert. Umgeben ist es von engen Gassen und Plätzen mit Kopfsteinpflaster, auf denen im Mittelalter die Pferdewagen wenden konnten.

1

Heute schlendern täglich viele Touristen durch die schmalen Straßen und Gassen von Gamla Stan. Deshalb ist die Hauptstraße Västerlånggatan mit ihren vielen Souvenirgeschäften im Sommer auch sehr voll. Etwas ruhiger geht es in den Seitenstraßen wie der Österlånggatan, der Tyska Brinken und der Stora Nygatan zu, wo Sie originelle Läden und Galerien voller Kunst und Handwerk finden. Auch die schöneren Restaurants und Cafés befinden sich etwas weiter von der Hauptstraße entfernt. Auffallend ist der Straßenverlauf im Osten der Österlånggatan. Einst verlief hier die Wasserlinie und jede heutige Gasse war früher ein Pier. Erst durch die Versandung des Landes wurden daraus (feuchte) Straßen.

Riddarholmen ist eine hübsche, ruhige Insel mit vielen Regierungsgebäuden, die durch eine Brücke mit Gamla Stan verbunden ist. Auf der Insel Helgeands-holmen, nördlich von Gamla Stan gelegen, befindet sich der schwedische Regierungssitz.

6 Insider-Tipps

Durch Gamla Stan schlendern

Die vielen schönen Gassen und Plätze entdecken.

Järnpojken

Zu Füßen dieses kleinen Jungen eine Münze ablegen.

Kungliga Slottet

Das schönste Gebäude von Gamla Stan besuchen.

Studio Lena M

Ein originelles Küchenutensil kaufen.

Stortorget

Nach der berühmten Kanonenkugel suchen.

Grillska Huset

Auf der prachtvollen Dachterrasse dem Alltagsstress entfliehen.

- 🔴 Sehenswürdigkeiten
- 🔴 Shoppen
- ⚪ Essen & Trinken
- 🔵 100% there

Sehenswürdigkeiten

(1) An vielen Stellen der Stadt entdeckt man die drei Türme mit den goldenen Kronen, aber nirgendwo sieht man das Stadshuset (siehe Seite 112) besser als von der **Evert Taubes Terrass**.
evert taubes terrass, u-bahn: gamla stan

(2) **Birger Jarls Torn** ist ein monumentaler, weißer Turm aus dem Jahr 1530 an der Nordwestseite von Riddarholmen. Zusammen mit den Südtürmen vom Wrangelska Palatset ist er das einzige noch erhaltene Zeugnis der mittelalterlichen Verteidigungsanlagen Gustav Wasas.
norra riddarholmshamnen, nicht öffentlich zugänglich, u-bahn: gamla stan

(3) **Birger Jarls Torg** ist der Hauptplatz von Riddarholmen. Er ist nach Birger Jarl benannt, der Stockholm im 13. Jahrhundert gegründet haben soll, um die Schweden vor den Überfällen ausländischer Flotten zu schützen. Das Denkmal des Stadtgründers Birger Jarl erhebt sich prächtig in der Mitte des Platzes. Die meisten der früheren Stadtpaläste, so auch der Wrangelska Palatset, werden heute als Regierungsgebäude genutzt.
birger jarls torg, u-bahn: gamla stan

(5) Die **Riddarholmskyrkan**, ursprünglich eine Klosterkirche der Franziskaner, wurde 1280 erbaut und ist die letzte Ruhestätte der schwedischen Könige. Ihr 90 Meter hoher Turm mit gusseiserner Spitze überragt das Stockholmer Stadtbild und ist eines der Wahrzeichen der Stadt.
birger jarls torg, www.kungahuset.se, telefon: 08 4026130, geöffnet: mitte mai bis mitte sept. täglich 10.00-17.00, eintritt: 40 sek, u-bahn: gamla stan

(6) Das **Riddarhuset** wurde zwischen 1641 und 1674 nach Entwürfen von vier verschiedenen Architekten erbaut. Hier wurden die schwedischen Ritter ernannt und man traf sich zu rauschenden Festen und zu exklusiven Treffen im Kreise der Adligen. Seit 1975 werden hier keine Ritter mehr "geschlagen", sondern die Stammbäume schwedischer Adelsfamilien verwaltet, die das Privileg haben, die Räume für Feste und Hochzeiten zu mieten.
riddarhustorget 10, www.riddarhuset.se, telefon: 08 7233990, geöffnet: mo-fr 11.30-12.30, preis: 50 sek, studenten 25 sek, u-bahn: gamla stan

⑨ KUNGLIGA SLOTTET

⑦ Das **Bondeska Palatset** (Bondesche Palais) früher einmal Amtssitz des Reichsschatzmeisters Gustav Bonde, wurde von 1662 bis 1673 nach Entwürfen der beiden Architekten Nicodemus Tessin d. Ä. und Jean de la Vallée gebaut. Dieser Palast ist ein wunderbares Beispiel dafür, wie stark der französische Barock- und Renaissancestil die schwedische Architektur beeinflusste. Heute beherbergt das Palais den Obersten Gerichtshof Schwedens.

riddarhustorget 8, telefon: 08 696787, nicht öffentlich zugänglich, u-bahn: gamla stan

(8) Die Insel Helgeandsholmen wird etwa zur Hälfte vom **Riksdagshuset** in Beschlag genommen, in dem heute das schwedische Parlament tagt. Das Parlamentsgebäude wurde zwischen 1897 und 1905 erbaut. Nach der Fertigstellung gab es gleich einen Eklat: Das Reichstagsgebäude war doppelt so teuer wie im Jahr 1888 vom Architekten Aron Johansson berechnet. Außerdem machte der Neobarockstil schon bei der Eröffnung einen äußerst unmodernen Eindruck.

riksgatan 1, www.riksdagen.se, telefon: 08 7864000, für führungen siehe website, u-bahn: gamla stan

(9) **Kungliga Slottet** ist die offizielle Residenz der schwedischen Könige und Königinnen, in der Empfänge, Feste und Audienzen stattfinden. Im 13. Jahrhundert stand hier das Schloss Tre Kronor, das 1697 durch einen Brand zerstört wurde. Danach begann man mit dem Bau des heutigen Schlosses, das von Nicodemus Tessin d. J. entworfen und im Barockstil errichtet wurde. Weil das Schloss mehr als 600 Zimmer und eine eigene Kapelle umfasst, war es kein Wunder, dass es erst im Jahr 1754 fertig wurde.

slottsbacken 1, www.kungahuset.se, telefon: 08 4026130, geöffnet: mitte sept. bis mitte mai di-so 12.00-16.00, mitte mai bis mitte sept. täglich 10.00-17.00, preis: 150 sek, 7-18 j. & studenten 75 sek, bis 7 j. frei, u-bahn: gamla stan

(11) Im und um das **Kungliga Slottet** herum befinden sich diverse Museen. So können Sie in den Gewölben der **Skattkammaren** die Kronjuwelen und die Königsgewänder bewundern oder im **Museum Tre Kronor** in die Geschichte des Schlosses eintauchen. Das **Antikmuseum von Gustav III.** präsentiert die Sammlung des Königs mit Werken aus der Antike. Münzen dagegen gibt es im **Kungliga Myntkabinettet** zu sehen und königliche Waffen im **Livrustkammaren**.

slottsbacken 1, 3 en 6, www.kungahuset.se, www.livrustkammaren.se, www.myntkabinettet.se, telefon: 08 4026130, für öffnungszeiten und preise siehe websites, u-bahn: gamla stan

⑫ **Storkyrkan**: Stockholms Dom wurde erstmals 1279 erwähnt. Fassade und Kirchtürme stammen zwar aus dem Mittelalter, wurden aber im 18. Jahrhundert barockisiert, damit der Dom besser zum Barockschloss nebenan passte. Die schöne Holzskulpturengruppe *Sankt Göran och draken* (Sankt Georg und der Drache) wurde 1489 vom Künstler Bernt Notke gefertigt.
trångsund 1, www.stockholmsdomkyrkoforsamling.se, telefon: 08 7233016, geöffnet: jan.-mai & sept.-dez. täglich 9.00-16.00, juni mo-fr 9.00-19.00, sa-so 9.00-16.00, juli-aug. mo-fr 9.00-18.00, sa-so 9.00-16.00, preis: 40 sek, bis 18 j. frei, u-bahn: gamla stan

⑬ Die kleinste Skulptur von Stockholm ist **Järnpojken** (der eiserne Junge). Der Künstler Liss Eriksson nannte das Werk *Pojke som tittar på månen* (der Junge, der den Mond ansieht). Denn er selbst konnte als kleiner Junge oftmals nicht schlafen und starrte nächtelang den Mond an. Im Winter wird die Skulptur mit einem Schal und im Sommer mit einem Sonnenhut geschmückt. Wer eine Münze zu ihren Füßen legt, darf auf das große Glück hoffen.
bollhustäppan (hinter der finnischen kirche), u-bahn: gamla stan

⑰ Die Bronzestatue **Sankt Göran och draken** hat eine skandinavische Sage zum Thema: Es war einmal eine Stadt, die im Bann eines Drachen stand. Um den Drachen friedlich zu stimmen, bekam er von den Einwohnern täglich ein Schaf. Als alle Schafe aufgefressen waren, brachte man ihm täglich ein Kind. Eines Tages fiel das Los auf die Königstochter. Als sie auf den Drachen wartete, kam der tapfere Ritter Georg vorbei. Wie konnte es anders sein: Er tötete den Drachen, rettete die Prinzessin und mit ihr die ganze Stadt. Das hölzerne Original der Ritterstatue steht im Dom Storkyrkan.
köpmanstorget, u-bahn: gamla stan

㉔ **Tyska Kyrkan**, Kirche der heiligen Gertrude. In der Hansezeit war das Gebäude noch Gildehaus der deutschen Kaufleute, wurde aber im 16. Jahrhundert zu einer neogotischen Kirche umgebaut. Im barocken Innenraum gibt es viele goldverzierte Elemente wie die Königsloge, ein Entwurf von Nicodemus Tessin d. Ä. Bekannt ist die Kirche auch für ihre prächtigen Bleiglasfenster und den Weinkeller aus der Gildezeit.
svartmangatan 16a, telefon: 08 4111188, geöffnet: mai-sept. täglich 11.00-17.00, okt.-apr. mi & fr-sa 12.00-16.00, so 12.30-16.00, eintritt: frei, u-bahn: gamla stan

㉙ Wie gewinnt man den Nobelpreis? Wenn Sie alles über den Schweden Alfred Nobel, die hoch angesehenen Nobelpreise, die Preisverleihung und die Preisträger wissen wollen, dann sollten Sie unbedingt das **Nobelmuseet** besuchen. Dieses Museum befindet sich im ehemaligen Börsengebäude von Stockholm aus dem Jahr 1776.

stortorget 2, börshuset, www.nobelmuseet.se, telefon: 08 53481800, geöffnet: mitte sept. bis mitte mai di 11.00-20.00, mi-so 11.00-17.00, mitte mai bis mitte sept. di 10.00-20.00, mi-mo 10.00-18.00, preis: 80 sek, studenten 60 sek, bis 18 j. frei, u-bahn: gamla stan

Essen & Trinken

(19) Die **Brasserie Le Rouge** ist sehr behaglich eingerichtet – mit Stoffen und Tüchern aus rotem Samt. Die Atmosphäre des Pariser Moulin Rouge war hier eindeutig die Inspirationsquelle. Daher wundert es nicht, dass die exquisiten Gerichte vor allem aus der französischen Küche stammen. Nach dem Dinner kann man den Abend in der Bar ausklingen lassen.

brasserie le rouge: eingang brunnsgränd 2-4, www.lerouge.se, telefon: 08 50524430, geöffnet: brasserie di 18.00-1.00, mi-sa 17.00-1.00, bar mo-fr ab 12.00, sa 13.00-1.00, preis: 275 sek, u-bahn: gamla stan

(23) **Chaikhana** ist ein Teehaus im Kolonialstil, in dem man englischen Afternoon Tea mit Sandwiches – oder auch das französische Pendant – zelebriert. Der Besitzer ist ein großer Teeliebhaber, der Ihnen die verschiedensten Teesorten und deren Zubereitung gerne erklärt.

svartmangatan 23, www.chaikhana.se, telefon: 08 244500, geöffnet: mo-fr 11.00-19.00, sa-so 12.00-18.00, preis: kännchen tee ab 60 sek, afternoon tea 150 sek, u-bahn: gamla stan

(26) Das **Kulturkafét Mäster Olof** wird vom Kulturzentrum Mäster Olofsgården geführt. Menschen aller Altersstufen mit unterschiedlichen sozialen und kulturellen Hintergründen treffen hier zusammen. Im Wohnzimmer des Kulturkafét finden regelmäßig Ausstellungen sowie Musik- und Poesieabende statt. Brötchen oder Gebäck kann man auch in den ruhigen Innenhof mitnehmen, in dem verschiedene Kunstwerke stehen.

svartmangatan 6, www.masterolofsgarden.se, telefon: 08 102019, geöffnet: mo-fr 11.00-17.00, sa-so 11.00-16.00, preis: ab 60 sek, u-bahn: gamla stan

(28) Die Heilsarmee von Stockholm ist die sogenannte Stadtmission. Diese ist einmalig, denn hier werden keine Secondhandkleidung und -artikel verkauft, sondern Brote. Außer der Bäckerei gibt es auch ein Café, das **Grillska Huset**. Auch der Erlös dieses Lokals geht an Bedürftige. Gutes tun und genießen: Kaffee und Kuchen oder ein warmes Mittagessen gibt es auf einer wunderschönen Dachterrasse.

stortorget 3, www.stadsmissionen.se, telefon: 08 68423364, geöffnet: täglich 10.00-18.00, preis: mittagessen 85 sek, u-bahn: gamla stan

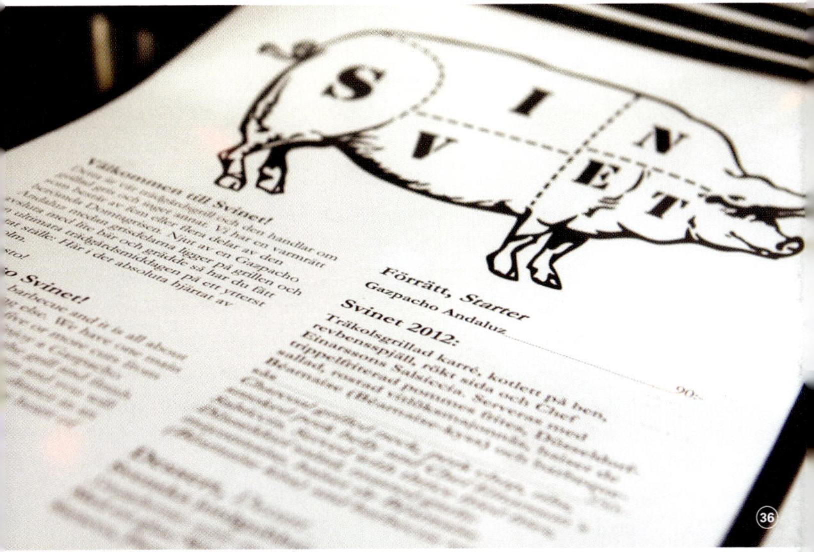
S I N
V E T
Välkommen till Svinet!
Förrätt, Starter
Gazpacho Andaluz
Svinet 2012:
Träkolsgrillad karré, kotlett på ben,
revbensspjäll, rökt sida och Chef
Einarssons Salsiccia. Serveras med
36

Café
KAFFEKOPPEN
BAKAD POTATIS
M. SKAGENRÖRA
30

23

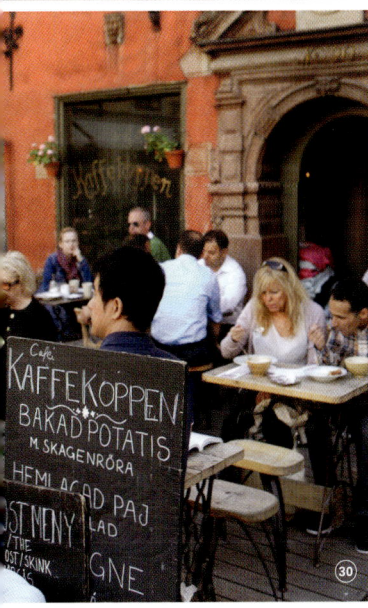

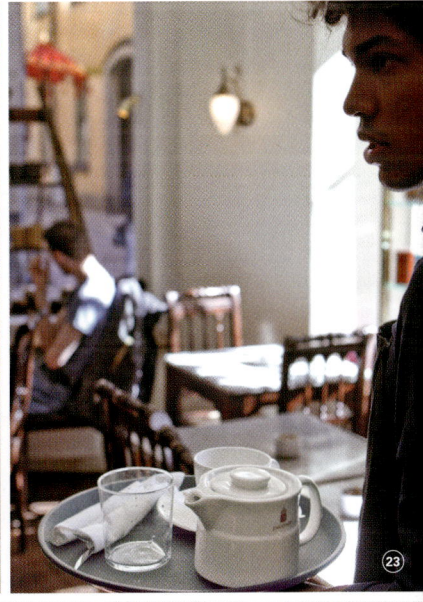

(30) Die Häuser, in denen sich die beliebten Cafés **Kaffekoppen** und **Choklad-koppen** befinden, sind ganz typisch für Gamla Stan. Sie sind wahrscheinlich die am meisten fotografierten Gebäude Schwedens. Es gibt immer etwas zu tun und zu sehen. Im Sommer sitzt man relaxt in der Sonne und genießt ein kaltes Getränk; im Winter trinkt man heiße Schokolade mit Schlagsahne und beobachtet das Treiben auf dem Weihnachtsmarkt.

stortorget 18-20, www.cafekaffekoppen.se, telefon: 08 203170, geöffnet: im sommer täglich 9.00-23.00, im winter mo-do 10.00-22.00, fr 10.00-23.00, sa 9.00-23.00, so 9.00-22.00, preis: mittagessen 110 sek, u-bahn: gamla stan

(32) Das **Pubologi** nennt sich *gastropub*, eine Kombination aus Restaurant, Bar und Pub, und wurde 2012 vom White Guide (dem schwedischen Pendant zum Guide Michelin) zum Bierlokal des Jahres ausgerufen. Nicht nur das Bier lockt die vielen Besucher an, sondern auch das gute Essen. Kenner sagen, dass die Hamburger zu den besten der Stadt gehören. Reservieren ist unerlässlich, nur sollte man beachten, dass man seinen Platz nach spätestens zwei Stunden wieder räumen muss.

stora nygatan 20, www.pubologi.se, telefon: 08 50640086, geöffnet: mo-sa 17.30-23.00, preis: gericht 175 sek, u-bahn: gamla stan

(34) An der Ecke Stora Nygatan und Kornhamnstorg liegt das **Café Tabac**, in dem man vorzügliche Pasta, Tapas oder einen Drink genießen kann. Hier herrscht jedoch eine ganz andere Atmosphäre als normalerweise in Gamla Stan: keine gemütliche Gesellligkeit, sondern klares, modernes Design.

stora nygatan 46, www.cafetabac.se, telefon: 08 101534, geöffnet: mo-do 10.00-0.00, fr-sa 10.00-1.00, so 11.00-0.00, preis: pasta 145 sek, u-bahn: gamla stan

(36) Aus Achtung gegenüber Tier und Umwelt werden im **Djuret** alle Teile eines Tieres verwendet und nichts wird weggeworfen. So dreht sich alles immer einen Monat lang um eine Tierart. In dieser Zeit werden alle Teile des jeweiligen Tieres verwendet und zu herrlichen Gerichten verarbeitet.

lilla nygatan 5, www.djuret.se, telefon: 08 50640084, geöffnet: mo-sa 17.30-0.00, juli & aug. restaurant geschlossen, aber im innenhof wird gegrilltes angeboten, preis: 300 sek, u-bahn: gamla stan

DJURET ㊱

Shoppen

(15) Jahrelang arbeitete sie für große Ketten und Marken, jetzt hat die Designerin Petra Bush ihren eigenen Laden. Unter der Marke **Gooey** bietet sie Kleidung mit originellen Aufdrucken für Jungen und Mädchen an. Warum sollten Mädchen nicht mit einem Seeräuber auf ihrem T-Shirt herumlaufen dürfen? Es werden aber nicht nur T-Shirts bedruckt, sondern auch Bodys, Mützen und Kleidchen – alles bunt und aus Bio-Baumwolle hergestellt. Außerdem findet man hier originelle Wandtattoos.
köpmangatan 14, www.gooeybrand.com, telefon: 070 7883771, geöffnet: di-fr 11.00-18.00, sa 12.00-16.00, u-bahn: gamla stan

(16) Barbara Bunke, die Inhaberin von **Ljunggrens papper**, hatte schon als Kind ein Faible für Papier, und das merkt man sofort, sobald man den Laden betritt. Hier findet man neben schönen Postkarten, Schreibfedern, Tinte, Lack und selbst gemachten Stempeln Papier in Hülle und Fülle, vorwiegend handgefertigte Sorten aus Japan, Nepal und Indien.
köpmangatan 3, www.ljunggrenspapper.com, telefon: 08 6760383, geöffnet: sept.-juni di-fr 12.00-18.00, sa 12.00-16.00, juli-aug. di-fr 12.00-18.00, u-bahn: gamla stan

(18) Stricken ist wieder in, auch in Stockholm. Die Inhaberin von **Anntorps Väv** ist zwar weit über 70, denkt aber noch lange nicht ans Aufhören. In ihrem Laden, der bis zur Decke mit Wollknäueln vollgestopft ist, erzählt sie mit Begeisterung von der Technik des Wollfärbens und des Webens. Auch heute noch setzt sie sich an den Webstuhl und färbt ihre Garne selbst.
österlånggatan 11, www.anntorpsvav.com, telefon: 08 6760023, geöffnet: mo-fr 11.00-18.00, sa 11.00-14.00, u-bahn: gamla stan

(20) Bei **Kalikå** stapeln sich die Spielsachen vom Boden bis zur Decke: hölzerne Laufwagen, handgemachte Stofftiere und Puppen, Musikinstrumente, Drachen und vieles mehr. Es ist eigentlich nicht möglich, den Laden ohne ein schönes Geschenk zu verlassen.
österlånggatan 18, www.kalika.se, telefon: 08 205219, geöffnet: mo-fr 11.00-18.00, sa 11.00-16.00, u-bahn: gamla stan

(15)

(16)

㉑ Alles, was es bei **SinneMinne** zu kaufen gibt, ist aus Wolle von Gotland-
schafen hergestellt. Man findet hier im Übrigen nicht nur warme Handschuhe,
Mützen und Schals, sondern auch Kissen, Schaffelle, auf denen man vor dem
Kachelofen herumlungern kann, und sogar Engel für den Weihnachtsbaum.
österlånggatan 35 & 41, www.sinneminne.com, telefon: 08 4113531, geöffnet:
mo-fr 11.00-18.00, sa 11.00-16.00, u-bahn: gamla stan

(25) Spüllappen als Designobjekt? Das **Studio Lena M** hängt voll davon! Alt-modische Exemplare, fröhlich und bunt mit Tieren und Mustern bedruckt. Man bekommt direkt Lust, die eigene Küche mal wieder gründlich zu putzen.
kindstugatan 14, www.lenamdesign.se, telefon: 08 212030, geöffnet: mo-fr 11.00-17.00, sa 11.00-16.00, u-bahn: gamla stan

(31) Wer typisch schwedische Teppiche sucht, sollte bei **Norna** vorbeischauen. Hier werden sie handgewebt und meistens aus Baumwolle hergestellt. Sie brauchen nur Ihre Wunschfarbe und -größe sowie das Muster anzugeben und schon wird der Teppich speziell für Sie angefertigt. Ausländische Kunden ist man hier gewohnt und der Versand ins Ausland gar kein Problem. Es gibt auch handgewebte Teppiche aus Kunststoff, zum Beispiel für Küche oder Bad.
stora nygatan 13, www.norna.nu, telefon: 08 203275, geöffnet: di-fr 12.00-18.00, sa 12.00-15.00, u-bahn: gamla stan

(33) Sie suchen ein Sommerkleidchen, etwas Festliches oder sogar ein Hoch-zeitskleid? Und zwar ein ganz besonderes? Dann ist **Loni** die perfekte Adresse für Sie. Bei Loni, übrigens der Vorname der Inhaberin, sind alle Stücke Unikate und handgefertigt. Der Stil ist nordisch-romantisch mit einer extravaganten Note.
tyska brinken 28, www.loni.se, telefon: 08 209543, geöffnet: mo-fr 12.00-18.00, sa 12.00-16.00, u-bahn: gamla stan

(35) *Polkagrisar* sind weiß-rote Stangen mit Pfefferminzgeschmack, die schon seit 1859 hergestellt werden. Erfunden hat sie Amalia Eriksson aus Gränna, und zwar als Mittel gegen die Erkältung ihrer Tochter. Dass sie nicht nur der Tochter gefielen, ist sicher: Jährlich werden bei **Polkapojkarna** in Gränna mehr als zehn Millionen *polkagrisar* hergestellt! Im Laden kann man übrigens sehen, wie.
lilla nygatan 10, www.gamlastanspolkagriskokeri.se, telefon: 08 107182, geöffnet: di-sa 11.00-18.00, so 12.00-16.00, u-bahn: gamla stan

100% there

(4) Auf **Riddarholmen** können Sie einen **Dachspaziergang** auf dem alten Parlamentsgebäude machen. Gesichert und mit Helm geht es mit einem Führer hinauf aufs Dach. In 43 Meter Höhe haben Sie eine prächtige Aussicht über die Stadt, während Sie auf dem schmalen Dachgiebel balancieren. Da die Dachspaziergänge sehr beliebt sind, sollte man vorher reservieren.
riddarholmen, treffpunkt auf dem birger jarls torg beim birger-jarl-denkmal, www.upplevmer.se, telefon: 08 223005, führungen: apr.-okt., für buchungen siehe website, eintritt: 525 sek, u-bahn: gamla stan

(10) Der **Wachwechsel** ist natürlich ein Touristenmagnet, aber dennoch nett anzusehen. Begleitet von Marschmusik kommen die neuen Wächter, oft junge Männer, in vollem Ornat anmarschiert, um die Wache zu übernehmen. In den Sommermonaten beginnt der Marsch beim Armeemuseum in Östermalm; im Winter bleibt man in der Nähe des Schlosses.
kungliga slottet, slottsbacken 1, www.kungahuset.se, mai-aug. mo-sa 12.15, so 13.15, sept.-apr. mi & sa 12.15, so 13.15, u-bahn: gamla stan

(14) Dieser **Spaziergang** führt Sie an den schönsten Adressen entlang, aber es gibt auch viele hübsche Gassen und Plätze in **Gamla Stan**, die nicht in die Route aufgenommen wurden, sich jedoch trotzdem lohnen. Also einfach durch Gamla Stan schlendern und das historische Viertel selbst entdecken!
gamla stan, u-bahn: gamla stan

(22) **Mårten Trotzigs Gränd** ist mit einer Breite von nur 90 Zentimeter die engste Gasse von Gamla Stan. Da sie an der Västerlånggatan wie ein privater Treppenaufgang aussieht, kann man sie leicht übersehen. Also gut aufpassen.
zwischen västerlånggatan und prästgatan, u-bahn: gamla stan

(27) **Stortorget** ist der älteste Platz von Stockholm und hat für die Schweden einen besondere Bedeutung. Im November 1520 fand hier nämlich ein Blutbad statt, bei dem fast 100 Adlige vom deutsch-schwedischen König Kristian II. getötet wurden. Die Kanonenkugel in einem der Eckhäuser ist – laut einer beliebten Legende – der Überrest dieser traurigen Tat.
stortorget, geöffnet: weihnachtsmarkt ende nov.- ende dez. täglich 11.00-18.00, u-bahn: gamla stan

Gamla Stan, Riddarholmen & Helgeandsholmen

Mit der U-Bahn nach Gamla Stan fahren und die Station über den Ausgang Riddarholmen verlassen. An den Gleisen entlang Richtung Norden gehen, links in die Södra Riddarholmshamnen einbiegen und dann dem Wasser bis Evert Taubes Terrass (1) folgen, um die Aussicht zu genießen. Dann am weißen Turm (2) vorbei Richtung Birger Jarls Torg (3) für einen Dachspaziergang (4). Die Kirche (5) können Sie nicht verpassen. Danach bei Riddarholmsbron die Brücke Richtung Gamla Stan überqueren, vorbei am Riddarhuset (6) und Bondeska Palatset (7) Richtung Myntgatan. Von hier können Sie das Riksdagshuset (8) sehen. Dann zurück zum Mynttorget, um das mächtige Schloss (9) zu bewundern. Am Mynttorget die Treppe hochsteigen und Richtung Yttre Borggården gehen, um den Wachwechsel zu erleben (10) oder ein Museum (11) zu besuchen. Beim Slottsbacken liegen die Storkyrkan (12) und die finnische Kirche. Im Innenhof steht die kleinste Skulptur Stockholms (13). Schlendern Sie durch Gamla Stan, hier kann man sich nicht verlaufen (14). Durch das Tor rechts in die Trädgårdsgatan einbiegen und gleich links in die Trädgårdstvär Gränd Richtung Köpmangatan gehen. Wer Kinderkleidung (15) oder handgefertigtes Papier (16) sucht, geht hier links. Oben an der Köpmanbrinken steht ein großes Bronzedenkmal (17). Gehen Sie links hinunter Richtung Österlånggatan, um besondere Dinge zu kaufen oder etwas zu essen (18) (19) (20) (21). Danach weiter durch die Österlånggatan und über den Järntorget Richtung Västerlånggatan, wo sich rechts der enge Durchgang zur Mårten Trotzigs Gränd (22) befindet. Oben angekommen, schräg hinüber zum Tyska Stallplan gehen und links in die Svartmangatan einbiegen, um einen Tee (23) zu trinken, eine Kirche (24) zu besuchen, originelle Küchenutensilien (25) zu kaufen und Kultur mit Genuss zu verbinden (26). Oder trinken Sie am Stortorget (27) einen Kaffee auf der Dachterrasse (28), überlegen Sie, wie Sie den Nobelpreis gewinnen können (29), oder genießen Sie einen Kakao (30). Weiter geht es Richtung Stora Nygatan, wo Sie schwedische Teppiche (31) erstehen oder einen Hamburger (32) essen können. Der Straße nach unten folgen und links einen Abstecher in die Tyska Brinken machen, um ein Kleid anzuprobieren (33). Unten angekommen, warten köstliche Tapas (34). Danach zweimal rechts abbiegen, um Bonbons (35) zu kaufen und den Spaziergang mit einem Essen (36) abzuschließen.

2

Die Plätze im Zentrum sind zwar alle recht übervölkert, dennoch hat jeder Platz seinen Reiz: Auf dem Hötorget findet der Blumen- und Obstmarkt statt, auf dem Händler lautstark ihre Waren anpreisen, um kaufwillige Kunden anzulocken. Sonntags kann man sich hier auf dem Flohmarkt mit Kuriositäten eindecken. Auf dem Sergels Torg braust der Verkehr an einer gläsernen Fontäne entlang, hasten Fußgänger in Richtung T-centralen (zentraler U-Bahnhof), um die *tunnelbana* zu erwischen, hängen Teenagergruppen auf den Treppen herum oder treffen sich Menschen mit Bettlaken und Fahnen zu einer Demo. Wer auf der Suche nach etwas mehr Ruhe ist, der schlendere in den Park Kungsträd-gården, um Sonne oder Winterwetter zu genießen. Möchte man dagegen mit einem Boot zu Stockholms Skärgård (Schärenküste) fahren, dann geht man zu den Anlagestellen Strömkajen und Nybrokajen.

Mit großem Abstand gibt es in Norrmalm das breiteste Kulturangebot der Stadt: (Klassische) Konzerte, Theatervorstellungen, Opern, Ausstellungen, U-Bahn-Kunst und Kinos machen Norrmalm zum Mekka der Kunst- und Kulturfreunde.

6 Insider-Tipps

Kafé Himlavalvet

Hochklettern und einen
kühlen Drink genießen.

Hötorgshallen

Sehen, riechen, probieren
und kulinarische
Anregungen sammeln.

Syster Lycklig

Farbenfrohe Dinge
erstehen.

Berns Asiatiska

Unter Kronleuchtern
Sushi essen.

Kungsträdgården

Sonnen, eislaufen, ein
Konzert besuchen oder
etwas trinken.

U-Bahn-Kunst

Die längste
unterirdische Galerie
der Welt besuchen.

- ● Sehenswürdigkeiten
- ● Shoppen
- ◯ Essen & Trinken
- ◯ 100% there

Sehenswürdigkeiten

(9) August Strindberg (1849–1912) ist einer der bekanntesten Autoren Schwedens. Im nördlichen Teil der **Drottninggatan** sind **Zitate** aus seinen Romanen und Gedichten in den Straßenbelag eingelassen. Wollen Sie mehr über diesen Autor erfahren? Dann besuchen Sie das **Strindbergsmuseet**. *drottninggatan 85, www.strindbergsmuseet.se, telefon: 08 4115354, geöffnet: di-so 12.00-16.00, juli-aug. 10.00-16.00, eintritt: 60 sek, studenten 40 sek, bis 19 j. frei, u-bahn: rådmansgatan*

(10) Die **Adolf Fredriks Kyrka** wurde zwischen 1768 und 1774 gebaut. Auffällig sind die Kuppel-Malereien von Julius Kronberg aus dem Jahr 1899 und das Kristalltaufbecken der berühmten schwedischen Glasmarke Orrefors. *holländergatan 16, www.adolffredrik.se, telefon: 08 207076, geöffnet: mo 13.00-19.00, di-so 10.00-16.00, eintritt: frei, u-bahn: hötorget*

(19) Das blaue Gebäude am Hötorget trägt den Namen **Konserthuset**. Mit seinen Säulen, den imposanten Türen und Treppen ist das Konzertgebäude aus dem Jahr 1926 ein gelungenes Beispiel neoklassizistischer Architektur. Hier findet alljährlich am 10. Dezember die Verleihung der Nobelpreise statt. Auf der Website steht, wann samstags Führungen angeboten werden. *hötorget 8, www.konserthuset.se, telefon: 08 7860200, geöffnet: für führungen siehe website, eintritt: führung 70 sek, u-bahn: hötorget*

(20) Die Skulpturengruppe vor dem Konserthuset, der **Orfeusbrunnen**, wurde im Jahr 1936 von Carl Milles angefertigt. Der begnadete Sänger und seine Musen aus der griechischen Mythologie stehen – wie kann es an diesem Ort auch anders sein – sinnbildlich für die Musik. *hötorget, u-bahn: hötorget*

(22) Die **Kungstornen** befinden sich beidseitig der Kungsgatan. Wer genau hinsieht, erkennt, das zwei Türme nicht identisch sind. Die Türme an der Nordseite der Kungsgatan wurden vom Architekten Sven Wallander (Fertigstellung 1924), die an der Südseite, mit Statuen römischer Göttinnen, von Ivar Callmander (Fertigstellung 1925) gestaltet. Mit einer Höhe von etwa 60 Metern waren die Türme die ersten "Wolkenkratzer" Europas – behaupten die Schweden. *kungsgatan 28-30 & 31-33, u-bahn: hötorget*

㉕ **Sergels Torg** ist vor allem abends, wenn er hell erleuchtet ist, sehr beeindruckend. Das Kulturhuset und der große Glasobelisk mit der Fontäne verleihen diesem belebten Platz eine futuristische Ausstrahlung, was ihn zu einem beliebten Treffpunkt der jungen Szene macht. Ebenfalls erwähnenswert: Hier beginnen und enden regelmäßig Demonstrationen.
sergels torg, u-bahn: t-centralen

㉜ **U-Bahn-Kunst** sieht man in vielen Großstädten, aber Stockholm hat mit 110 Kilometern die längste Ausstellungsfläche weltweit zu bieten. Schon in den 1950er-Jahren begann dieser Trend, und inzwischen haben etwa 150 Künstler fast alle U-Bahn-Stationen mit Malereien, Skulpturen, Mosaiken und Gravuren versehen. Die Station Kungsträdgården ist eine der schönsten.
metrostations, www.sl.se, u-bahn: kungsträdgården

㉝ Die Geschichte der **St. Jacobs Kyrka** geht auf das 14. Jahrhundert zurück, als hier noch eine Kapelle stand. Mit dem Bau der heutigen Kirche begann man im Jahre 1580, 1643 wurde die Kirche dann offiziell eingeweiht. Der Stilmix aus Spätgotik, Renaissance und Barock macht diese leuchtend rote Kirche zu einem sehenswerten Bauwerk in Kungsträdgården.
västra trädgårdsgatan 2, www.stockholmsdomkyrkoforsamling.se, telefon: 08 7233038, geöffnet: di 12.00-15.00, mi 13.00-16.00, do 11.30-17.00, fr 13.00-18.00, sa 14.00-17.00, eintritt: frei, u-bahn: kungsträdgården

㉞ Die **Kungliga Operan** wurde 1889 eröffnet und ist seitdem ein viel besuchter Spielort von Opern- und Ballettaufführungen. Die Pariser Oper diente als Vorbild für das Gebäude, das sowohl Merkmale der Neorenaissance als auch des Neobarock aufweist. Das Foyer mit den goldenen Verzierungen und den einladenden Marmortreppen ist mit Malereien von u. a. Carl Larsson versehen. Es lohnt sich also, eine Vorstellung zu besuchen oder an einer Führung durch das Opernhaus teilzunehmen.
jakobs torg 2, www.operan.se, telefon: 08 7914300, geöffnet: führung aug.-mai sa 13.00, eintritt: führung 100 sek, u-bahn: kungsträdgården

Essen & Trinken

(2) Das **Kafé Himlavalvet** befindet sich auf einem Hügel im Park Observatorie-lunden. Es dauert zwar ein wenig, bis man oben auf dem Hügel angekommen ist, aber dann gibt es zur Belohnung frischen *flädersaft* (Holunderblütensaft) mit gefrorenen Himbeeren und duftende Waffeln mit Marmelade. Vor allem im Sommer ist dies eine wunderbare Ort, an dem man der Stadt entfliehen kann.
drottninggatan 120, www.observatoriet.kva.se, telefon: 08 314041, geöffnet: täglich 11.00-17.00, preis: mittagessen 80 sek, u-bahn: rådmansgatan

(3) In der Metzgerei **Köttbaren** dreht sich alles um Fleisch. Hier kann man Fleisch und Wurstwaren kaufen, aber auch an einem der rustikalen Tische ein leckeres Fleischgericht kosten. Tipp: Teilen Sie sich erst ein Wurstbrett und bestellen Sie dann ein Rinderfilet, einen Hamburger oder *kvällens långkok* (langsam gegartes Fleisch). Reservieren ist leider nicht möglich.
tegnérgatan 32, www.kottbaren.se, telefon: 08 50524426, geöffnet: mittag-essen mo-fr 11.15-13.30, bar mo-sa 15.00-1.00, metzgerei mo-fr 11.15-23.00, sa 12.00-23.00, preis: 150 sek, u-bahn: rådmansgatan

(4) Bei **Rolfs Kök** hängen die Stühle an der Wand – nicht als Sitzmöbel, sondern als Dekoration. Ansonsten ist das sehr beliebte Restaurant eher nüchtern eingerichtet. "Klarheit und Qualität" ist daher auch die – deutlich sichtbare – Philosophie des Hauses. Die Speisen vereinen die schwedische Küche mit der Raffinesse und den Zutaten Frankreichs und Italiens.
tegnérgatan 41, www.rolfskok.se, telefon: 08 101696, geöffnet: mo-fr 11.30-1.00, sa-so 17.00-1.00, preis: 290 sek, mittagessen 123 sek, u-bahn: rådmansgatan

(7) An der Drottninggatan gibt es nur wenige nette Cafés. Das **Kafé Esaias** ist die Ausnahme. Kaffee ist die große Leidenschaft des Personals – allesamt ausgebildete Baristas –, das mit viel Liebe einen Espresso oder einen *slow coffee* zubereitet. Unter der Woche ist diese Kaffeebar schon um 7 Uhr ge-öffnet. Praktisch, wenn man frühmorgens einen Kaffee braucht, um wach zu werden.
drottninggatan 102b, www.kafeesaias.se, geöffnet: mo-fr 7.00-18.00, sa-so 10.00-17.00, preis: mittagessen 79 sek, u-bahn: rådmansgatan

⑧ Nach Sushi und Sauerteigbrot haben die Stockholmer einen neuen kulinarischen Trend entdeckt: *dumplings* genannte gefüllte Teigtaschen. Immer mehr "Dumplerien" öffnen ihre Pforten, wobei die Qualität sehr unterschiedlich ist. Die **Peking Mormors Dumpleria** ist eine der besten. Hier wählt man die Füllung selbst und isst den Dumpling mit etwas Reis und einem Asia-Salat. *drottninggatan 102, www.pekingmormor.se, telefon: 08 4114986, geöffnet: mo-fr 10.30-19.30, sa 12.00-18.00, preis: 86 sek, u-bahn: rådmansgatan*

(11) Der Name **Muffin Bakery** sagt alles: Hier gibt es Muffins in Hülle und Fülle, süß wie herzhaft, zum Beispiel mit Oliven und getrockneten Tomaten. Auch lecker: gegrillte Focaccias, die so groß sind, dass sie locker für zwei reichen. *drottninggatan 73, www.muffinbakery.se, telefon: 08 4116888, geöffnet: mo-fr 8.00-20.00, sa 10.00-20.00, so 10.00-18.00, preis: ab 95 sek, u-bahn: hötorget*

(12) Für viele Schweden ist Freitag Taco- oder Tortillatag. Für einige Mexikaner war dies der Anlass, die *taquería* **La Neta** zu gründen – 2011 Fast-Food-Restaurant des Jahres. Die Tacos sind köstlich, das viel besuchte Lokal selbst aber nur wenig ansprechend – die Tacos werden auf Plastiktellern serviert. *barnhusgatan 2, www.laneta.se, telefon: 08 4115880, geöffet: mo-fr 11.00-21.00, sa 12.00-21.00, preis: 45 sek je stück, u-bahn: hötorget*

(23) Klassische schwedische Gerichte, neu interpretiert, gibt es bei **Nalen**. Die bekannten Hackbällchen mit Preiselbeeren stehen natürlich auch auf der Karte. Manchmal werden kleine Konzerte gegeben. *regeringsgatan 74, www.nalen.com, telefon: 08 50529200, geöffnet: mo-fr 11.30-23.00, sa 17.00-23.00, bar geöffnet di-do 17.00-0.00, fr-sa 17.00-1.00, preis: 195 sek, drei-gänge-menü 454 sek, u-bahn: hötorget*

(29) Ein Essen bei **Berns Asiatiska** ist ein besonderes Erlebnis: Haben Sie schon mal Sushi unter Kronleuchtern gegessen? Die klassische Einrichtung mit Spiegeln und Sesseln kontrastiert mit der Speisekarte. Das Restaurant ist gleichzeitig eine beliebte Bar, in der man auch nach dem Essen noch ausgiebig einen Drink genießen kann. *berzeliipark, www.berns.se, telefon: 08 56632222, geöffnet: so-do 11.30-1.00, fr-sa 11.30-3.00, preis: 60-160 sek, u-bahn: östermalmstorg*

(35) Das Essen im **Bakfickan** stammt zwar aus der gemeinsamen Küche mit dem erstklassigen Restaurant Operakällaren, die Karte ist aber völlig anders. Es gibt Hausmannskost wie die schwedischen Klassiker *gravad lax* (marinierter Lachs) und *biff rydberg* (Rindfleisch). Reservieren ist leider nicht möglich. *operahuset, karl XII:s torg, www.operakallaren.se, telefon: 08 6765800, geöffnet: mo-fr 11.30-23.00, sa 12.00-22.00, preis: 185 sek, u-bahn: kungsträdgården*

KAFÉ ESAIAS ⑦

㊱ Das **F12** ist eines der exklusiveren Restaurants in Stockholm und aus-
gezeichnet mit einem Michelin-Stern. Man kann hier aus verschiedenen
Menüs wählen, die allerdings ihren Preis haben – ein Mittagessen ist deutlich
günstiger. Im Sommer, wenn die Terrasse geöffnet hat, zieht das Lokal auch
viele Nachtschwärmer an.
*fredsgatan 12, www.fredsgatan12.com, telefon: 08 50524401, geöffnet:
mo-fr 11.30-14.00 & 17.00-1.00, sa 17.00-1.00, preis: hauptgericht 400 sek,
menü 1125 sek, drei-gänge-mittagessen 360 sek, u-bahn: kungsträdgården*

Syster Lycklig

Shoppen

(5) **Syster Lycklig** bedeutet "Schwester glücklich". Und glücklich wird man auch, wenn man diesen bis zur Decke mit buntem Nippes und schönen Dingen gefüllten Laden betritt. Die zwei Schwestern, die das Geschäft betreiben, lieben Dinge, die Heim und Mensch verschönern, wie zum Beispiel allerlei Accessoires, Geschirr, Schmuck, Kleidung und Geschenke.
tegnérgatan 12, www.systerlycklig.se, telefon: 08 6126564, geöffnet: mo-fr 11.00-18.00, sa 11.00-16.00, u-bahn: rådmansgatan

(6) Bei **Mor Karin** geraten nicht nur Kinder ins Schwärmen, sondern auch die Eltern. Hier kann man im Nu ein Kinderzimmer einrichten und mit Spielzeug bestücken. Dafür muss man zwar etwas tiefer in die Tasche greifen, bekommt dann aber auch etwas Besonderes. Renner sind Poster von Edholm Ullenius und die Matroschkas von Ingela P Arrhenius.
tegnérgatan 6, www.morkarin.se, telefon: 08 6127475, geöffnet: mo-fr 11.00-18.00, sa 11.00-15.00, u-bahn: rådmansgatan

(15) Wenn Sie eine Schwäche für schöne Kalender, Fotoalben, Notizbücher und Grußkarten haben, sollten Sie bei **Ordning och Reda** vorbeischauen. Hier gibt es sie in allen Farben des Regenbogens und mit den verschiedensten Aufdrucken. Klare Formen zeichnen die Produkte aus.
drottninggatan 82, www.ordning-reda.com, telefon: 08 108496, geöffnet: mo-fr 10.00-18.00, sa 10.00-16.00, so 12.00-16.00, u-bahn: hötorget

(16) Suchen Sie nach einem bestimmten Lidschatten zu Ihrem neuen Kleid? Bei **Face Stockholm** werden Sie sicher fündig. Neben Make-up gibt es hier auch eine sehr große Auswahl an Beautycases.
drottninggatan 65, www.facestockholm.com, telefon: 08 209023, geöffnet: mo-fr 10.00-18.00, sa 10.00-16.00, so 12.00-16.00, u-bahn: hötorget

(17) Im obersten Stock von PUB, einem Mode- und Designkaufhaus mit meist schwedischen Marken, befindet sich das **R.O.O.M.** Hier gibt es wirklich alles für Wohnzimmer, Küche, Bad, Schlafzimmer und Garten.
pub, 3. stock, hötorget, www.room.se, telefon: 08 6925000, geöffnet: mo-fr 10.00-19.00, sa 10.00-18.00, so 11.00-17.00, u-bahn: hötorget

(21) Die Gründer von **Granit** stellten verärgert fest, dass man zwar überall schöne Dinge kaufen kann, die das Leben angenehmer machen, es jedoch zur Aufbewahrung dieser Dinge kaum etwas gibt. Also beschlossen sie, dies mit ihrem Laden zu ändern. Das Grundsortiment besteht aus allerlei überwiegend schlichten Aufbewahrungslösungen in zeitlosen Farben.

kungsgatan 42, www.granit.se, telefon: 08 219285, geöffnet: mo-fr 10.00-19.00, sa 10.00-17.00, so 12.00-17.00, u-bahn: hötorget

(24) Chocoholics sollten die **Chokladfabriken** besser links liegen lassen, denn es ist fast umöglich, den wahnsinnigen Geschmackskombinationen zu widerstehen. Unbedingt probieren: die mit Lakritz und süßer Karamellcreme gefüllte Praline aus Bitterschokolade.

regeringsgatan 58, www.chokladfabriken.com, telefon: 08 229110, geöffnet: mo-fr 10.00-18.30, sa 10.00-17.00, u-bahn: hötorget

(27) Alle Produkte, die bei **DesignTorget** angeboten werden und aus der Hand freischaffender Designer stammen, werden erst von einer fachmännischen Jury geprüft. Dadurch ist das Angebot originell, vielseitig und immer wieder anders. Man findet hier einfach alles: vom Wohndesign über Spiele bis hin zum Kochbuch.

sergelgången 29 (im kulturhuset), www.designtorget.se, telefon: 00 8219150, geöffnet: mo-fr 10.00-19.00, sa 10.00-18.00, so 11.00-17.00, u-bahn: t-centralen

(28) **Nordiska Kompagniet**, kurz: NK, ist ein großes, schickes Kaufhaus, in dem jede Marke eine eigene Abteilung hat. Der Gründer hatte 1902 die innovative Idee, ein "kulturelles und kommerzielles" Theater mit "allerfeinsten Waren" unter ein gemeinsames Dach zu bringen: Kleidung, Kosmetik, Accessoires und Kulinarisches. Und so ist es auch heute noch.

hamngatan 18-20, www.nk.se, telefon: 08 7628000, geöffnet: mo-fr 10.00-20.00, sa 10.00-18.00, so 12.00-17.00, u-bahn: t-centralen

GRANIT ㉑

100% there

(1) Der Berg, auf dem sich der Park **Observatorielunden** befindet, ist in der Fiszeit entstanden. Durch seine Höhe eignete er sich besonders gut für den Bau eines Observatoriums. Gesagt, getan: Von 1753 bis 1929 konnte man hier Sterne beobachten, heute ist es jedoch ein Museum. An klaren Winterabenden kann man aber vom **Observatoriemuseet** noch immer einen Blick in den Sternenhimmel werfen.

drottninggatan 120, www.observatoriet.kva.se, telefon: 08 54548390, geöffnet: so 12.00-15.00, nov.-märz di & do 18.00-21.00 (sterne beobachten), eintritt: 60 sek, 7-18 j. 30 sek, bis 7 j. frei, u-bahn: rådmansgatan

(13) Das **Dansens Hus** ist ein Theater für modernen Tanz, in dem schwedische und internationale Tanzensembles auftreten. Beim alljährlichen Tanzfestival Urban Connection kann man nicht nur Tanzvorstellungen, sondern auch Ausstellungen und Workshops besuchen.

barnhusgatan 14, www.dansenshus.se, telefon: 08 50899090, geöffnet: während vorstellungen und festivals, siehe website, u-bahn: hötorget

(14) Über einen kleinen Innenhof gelangt man ins **Central Badet**. Sowohl innen als auch außen ist dieses Schwimmbad aus dem Jahr 1904 ganz im Jugendstil gehalten. Man kann hier herrlich im Wasser relaxen, in der Sauna schwitzen oder eine Massage genießen. Ein idealer Ort für einen verregneten oder kalten Tag.

drottninggatan 88, www.centralbadet.se, telefon: 08 54521300, geöffnet: mo-fr 7.00-21.00, sa 9.00-21.00, so 9.00-18.00, preis: so-fr 220 sek, sa 320 sek, mo-do vor 15.00 uhr & studenten 70 sek, u-bahn: hötorget

(18) Auf dem ehemaligen Heumarkt steht heute **Hötorgshallen**, eine überdachte Markthalle voller Köstlichkeiten aus aller Herren Länder: schwedischer Lachs, französischer Käse, italienische Antipasti, ungarische Salami, türkische Mezze, argentinisches Rindfleisch, chinesischer Tee ... ein Hochgenuss für die Sinne.

hötorget, www.hotorgshallen.se, geöffnet: jan.-mai & aug.-dez. mo-do 10.00-18.00, fr 10.00-18.30, sa 10.00-16.00, juni-juli mo-fr 10.00-18.00, sa 10.00-15.00, u-bahn: hötorget

㉖ Das **Kulturhuset** mit seinen auffälligen Fenstern ist ein typisches Beispiel für die Stadterneuerung der 1960er-Jahre. Der Architekt Peter Celsing bekam den Auftrag, ein einladendes und offenes Haus zu entwerfen, ein kulturelles Wohnzimmer für jedermann. Und das ist ihm gelungen! Theatervorstellungen, Tanzaufführungen, Konzerte, Ausstellungen, Filme, Lesungen und Diskussionen – hier findet jeder etwas, das ihn interessiert. Darüber hinaus gibt es noch verschiedene Cafés, einen Lesesaal mit vielen internationalen Zeitungen sowie eine Schachecke.

sergels torg, www.kulturhuset.stockholm.se, telefon: 08 50831508, geöffnet: für öffnungszeiten und preise siehe website, u-bahn: t-centralen

㊲ ICEBAR STOCKHOLM

㉚ Die **Fjäderholmarna** sind diejenigen Inseln der Skärgård (der Schären-küste), die Stockholm am nähesten sind. In nur 25 Minuten gelangt man zu den "Federinseln". Man trifft sich zum Sonnen, Baden oder Essen, spaziert entlang der roten Schwedenhäuser oder besucht das Open-Air-Theater. Auch sehenswert sind die Fischräucherei, die Glasbläserei und ein Atelier.

fjäderholmarna, schiff ab nybrokajen, kajplats 12, www.fjaderholmarna.se, geöffnet: mai-aug. täglich jede stunde, erstes boot hin 10.00, letztes boot zurück 0.00, preis: fahrkarte hin & zurück 110 sek, 6-11 j. 55 sek, bis 6 j. frei, u-bahn: kungsträdgården

㉛ Der **Kungsträdgården** ist der ehemalige Gemüsegarten des Königs-palasts. Lange Zeit durften nur die Mitglieder des Königshauses und ihr Personal das Gelände betreten. Später wurde auch der Stockholmer Adel zugelassen und inzwischen ist der Park für alle geöffnet. Im Frühling ist die Kirschbaumblüte bei Fotografen ein beliebtes Motiv, im Sommer sind die Terrassen gut gefüllt und es finden Konzerte und Veranstaltungen statt. Im Winter kann man zu Musik eislaufen.

kungsträdgården, www.kungstradgarden.nu, telefon: 08 50563520, u-bahn: kungsträdgården

㊲ Es ist zwar sehr touristisch, aber dennoch spannend, bei einer Temperatur von minus 5 °C mit einem Eisglas an einem Eistisch zu sitzen. Die **Icebar Stockholm** ist die erste permanente Eisbar der Welt und im Nordic Sea Hotel zu finden. Man kann zwar auch ohne Reservierung auftauchen, praktischer ist es jedoch, sich über das Internet anzumelden. Ein Besuch dauert 40 Minuten. Warme Kleidung, Handschuhe und ein Cocktail nach Wahl sind im Preis inbegriffen.

vasaplan 4, www.nordicseahotel.se/ais, telefon: 08 50563520, geöffnet: mitte mai bis mitte sept. so-mi 11.15-0.00, do-sa 11.15-1.00, mitte sept. bis mitte mai so-do 15.30-23.45, fr-sa 15.00-1.00, preis: ab 170 sek, u-bahn: t-centralen

Norrmalm

Gönnen Sie sich nach dem flotten Aufstieg im Park ①) eine Erfrischung ②). Den Park verlassen und in die Drottninggatan einbiegen. Hungrig? Dann in die Tegnérgatan abbiegen, um etwas zu essen ③) ④). Oder kaufen Sie in dieser Straße ein schönes Geschenk ⑤) ⑥). Danach der Drottninggatan folgen, um einen Kaffee zu trinken ⑦) oder Dumplings zu essen ⑧). Im Straßenpflaster befinden sich übrigens Texte von Strindberg ⑨). Dann links in die Wallingatan einbiegen, um die Deckenmalereien in der Kirche zu bewundern ⑩). Aus der Kirche kommend links und gleich wieder rechts gehen, um wieder in die Drottninggatan zu gelangen, wo an der Ecke allerlei Muffinsorten ⑪) warten. Dann links in die Barnhusgatan einbiegen, um Tacos ⑫) und Tanz ⑬) zu genießen. Über den Innenhof des Kongresszentrums zurück zur Drottninggatan und durch das Tor gegenüber in den Garten des Badehauses ⑭) gehen. Anschließend können Sie einen Kalender ⑮) oder Make-up ⑯) erstehen. Biegen Sie links in die Gamla Brogatan ein, um zum Hötorget zu gelangen. Links liegt das PUB, wo Sie sich für Ihre Wohnung eindecken können ⑰), rechts die Markthalle ⑱). Den Markt in Richtung Kungsgatan überqueren, um die Konzerthalle ⑲) und Skulpturengruppe ⑳) zu bewundern. Dann rechts der Kungsgatan folgen, um schöne Aufbewahrungslösungen zu kaufen ㉑). Etwas weiter sehen Sie die Türme ㉒). Am linken Turm die Treppe nach oben nehmen und oben in die Brunnsgatan einbiegen. Dann links in die Regeringsgatan einbiegen, um schwedische Hackbällchen zu essen ㉓) oder Schokolade zu kaufen ㉔). Der Straße bis zur Mäster Samuelsgatan folgen und diese schräg überqueren. Schauen Sie über den Platz mit dem gläsernen Obelisken ㉕). Nehmen Sie die Treppe nach unten, um im Kulturhuset ㉖) schöne Designgadgets ㉗) zu erstehen. In der Hamngatan finden Sie *das* Kaufhaus Stockholms ㉘). Danach am Norrmalmstorg vorbei Richtung Berzeliipark gehen, um asiatisch zu essen ㉙). Fahren Sie am Nybrokajen mit dem Schiff nach Fjäderholmarna ㉚) oder gehen Sie weiter zum Kungsträdgården ㉛), um ㉜) Kunst oder die rote Kirche ㉝) zu bewundern und die Kungliga Operan ㉞) zu besuchen. Hier können Sie schwedische Hausmannskost ㉟) probieren oder ein exklusiveres Dinner in einer modernen Umgebung genießen ㊱). Den "kühlen" Abschluss finden Sie am Vasaplan links von der Vasagatan ㊲).